AF411025

MAGNÉTISME ANIMAL DÉVOILÉ.

Par un zélé Citoyen François.

Principiis obsta.........
B. D. L.

A GENÊVE.

1784.

MAGNÉTISME
ANIMAL DÉVOILÉ.

Par un zélé Citoyen François.

M o n deffein n'eft pas d'entreprendre ici l'apologie de la Médecine, moins encore de tourner en ridicule les découvertes utiles qui feront des monumens à jamais mémorables pour le fiecle où nous vivons. Je ne fais pas mon état de cette fcience dogmatique ; mais elle m'a paru fi inté-reffante, que j'ai cru devoir l'étudier pour pouvoir la mettre en pratique, dans la vue de prolonger mes jours fans recourir à aucun Efculape.

Après avoir en conféquence médité & confulté les meilleurs Auteurs, depuis Hypocrate jufqu'à Boerhaave, j'ai conclu,

A

d'après mes réflexions, que leurs principes, suivis d'une bonne pratique, pouvoient fournir des secours prompts contre bien des maux; mais ceux que j'éprouve ne m'apprennent que trop qu'il y en a contre lesquels elle est bien insuffisante. Accablé en effet de maux de tête les plus affreux, suivis de la mélancolie la plus noire, à charge à moi-même & aux autres, marquant tous mes momens au coin de la douleur & de la tristesse, mon parti étoit déjà pris, ma guérison me paroissoit impossible, & je m'étois résigné, en sage, aux décrets de la Providence.

Cependant, comptant trop peu sur les lumieres que j'avois puisées dans la lecture des ouvrages des bons maîtres dans l'art de guérir, j'ai eu recours aux Médecins qui l'exercent avec distinction. Je les ai presque tous consultés ; leurs avis m'ont procuré par fois du soulagement, & souvent une guérison momentanée. Je m'attachai singulièrement alors à M...... Médecin jouissant à juste titre de la plus grande réputation : je m'accoutumai à souffrir & à vivre fous l'empire de ce cher Efculape, qui rendoit mes incommodités plus fupporta-bles par les petits remedes qu'il me pref-crivoit, & qui me confoloit par fes rai-fonnemens auffi juftes qu'ingénieux. L'alternative du bien & du mal étoit mon partage, lorfque M. Mefmer arriva dans cette Capitale, portant une nouvelle doc-trine, & armé de nouveaux moyens pour guérir tous les maux. La confiance que j'avois en mon cher Docteur, me garantit quelque temps de l'enthoufiafme, qui s'empara bientôt de tous mes Compatriotes, reconnus chez toutes les Nations pour cré-dules & faciles. Enfin, las de fouffrir, tourmenté par les perfonnes qui, venant me voir, ne ceffoient de me repréfenter les miracles opérés par Mefmer, je me décidai à l'aller confulter; mais je ne crus pas devoir le faire, fans en prévenir mon Médecin ordinaire. Cet ami éclairé, à qui les lumieres de la vraie fcience faifoient fentir tout le foible de l'empirifme, me répondit amicalement que j'allois me livrer à un avanturier qui déjà avoit eu l'art d'en impofer à bien de gens, &c. &c.; *ajoutant cependant, pour céder à mes inſtances,* que ſi je voulois abfolument l'aller trouver, il me prioit, par l'amitié qu'il m'avoit vouée, de ne ſuivre aucun de ſes avis fans lui en faire part. C'eſt alors que je courus à cet attelier de fanté. A peine y fus-je entré, je me laiſſai féduire par les promeſſes de Meſmer. Je me ſoumis à ſon traitement, après qu'il m'eut promis de me guérir radicalement dans l'eſpace de deux mois. Comme il attribuoit la fréquence de mes migraines à la ſaburre des premieres voies & à la foibleſſe de mon eſtomach, il commença à me magnétiſer en promenant ſa main droite ſur mon front, ſa main gauche le long de l'épine du dos, & finiſſant par des ſignes de croix ſur la région de l'eſtomach. Il me prédit, avant de commencer, les effets du Magnétiſme que je devois reſſentir, effets qui devoient ſe manifeſter par des coliques inteſtinales, des évacuations abondantes & une ſueur exceſſive. J'attendois avec empreſſement ces criſes, & j'en étois tellement prévenu, que si j'eusse eu le système nerveux, tendu & délicat, j'aurois cru les ressentir. Mesmer cependant ne cessoit de me demander si je n'avois pas des envies de vomir, si je ne sentois pas des grouillemens dans le ventre ; mais je fus obligé de lui dire, après plusieurs séances, que je ne ressentois aucun effet de ses opérations. Il changea alors de marche, & me prescrivit le soir une once crême de tartre, qu'il fit précéder d'un petit bolus doré, me recommandant de boire beaucoup, sur-tout si je ressentois la moindre colique, ayant soin de me prédire, *en Docteur éclairé*, qu'à la séance du lendemain son Magnétisme me purgeroit. Mais cet imprudent se trompa dans la dose des ingrédiens purgatifs qu'il avoit fait entrer dans la pilule dorée qu'il me fit avaler ; & l'effet qu'elle devoit produire, le lendemain seulement à la séance du Magnétisme, se déclara vers minuit. Je fus purgé si violemment, qu'affoibli par les évacuations surabondantes, il me fallut avoir recours aux lavemens émolliens & à l'eau de poulet pour calmer le feu & l'irritation que m'avoit caufé fon purgatif draftique. Le lendemain, quoique terraffé de fatigue, je courus chez mon Magnétifeur, qui, à la premiere vue, me dit : *Vous êtes plus trifte qu'à l'ordinaire ; les remedes que je vous ai prefcrits hier au foir vous préparent à être purgé par mon Magnétifme, & ce fera bientôt votre tour.* Je partis d'un grand éclat de rire, en lui difant d'aller faire avaler fes pilules à d'autres, qu'il ne me purgeroit plus, que fon Magnétifme animal n'étoit qu'un mafque d'ignorance, & que fi j'avois été purgé, je le devois aux purgatifs violens qu'il m'avoit imprudemment prefcrits, & non à fes attouchemens impuiffans.

Pour mieux me convaincre de la mauvaife foi de cet Efculape nouveau, j'ai pris depuis quelquefois la même dofe de crême de tartre, avec un bolus compofé de fix grains de jalap, & j'ai été très-bien purgé le lendemain fans l'aide du Magnétifme.

Les faits que je vais rapporter, démontreront combien Mefmer & Delon, fon digne Eleve, comptent peu fur l'efficacité du remede qu'ils employent , pour capter la confiance de leurs malades. Il y a environ un mois que M. Mefmer fut appellé pour donner fes foins à M. ***, Bourgeois de la rue Saint - Honoré , attaqué d'une inflammation de poitrine. Après avoir bien examiné le malade , il ne voulut pas perdre du temps à le magnétifer ; mais il ordonna qu'on le faignât , & fe retira en promettant d'envoyer un de fes Eleves.

Celui-ci, rebut de la Faculté de Montpellier , nouvellement initié dans le myftere , ordonna une tifane béchique & un looch. Ces remedes prefcrits , les feuls convenables dans cet inftant, il crut , pour en impofer, devoir ajouter le Magnétifme. En conféquence il paffa à plufieurs reprifes fa main fur le côté affecté , fur les bras , fur le bas-ventre : mais l'inflammation fe termina par un abcès auquel le malade fuccomba au bout de huit jours.

Le fait fuivant ne prouve pas moins le charlatanifme des Magnétifeurs. Il y a environ trois mois que M. ***, Libraire ,

fut attaqué d'une inflammation de poitrine :
son Médecin ordinaire, après l'avoir fait
saigner, lui fit prendre les bains des pieds,
& lui prescrivit un looch & une tisane
béchique, ce qui produisoit peu-à-peu tout
l'effet qu'on pouvoit en attendre. Sur ces
entrefaites, le malade souffrant toujours,
n'étant qu'au cinquieme jour de sa mala-
die, reçut la visite d'un de ses amis.
Celui ci s'érigeant en Médecin (comme
c'est ordinaire à toutes les personnes qui
visitent les malades), lui conseilla, en
ami, disoit-il, de laisser là tous les remedes de son Hypocrate, & de donner
toute sa confiance à un Magnétiseur, qui
opéroit des prodiges de guérison. Le malade céda à la persuasion. Le Magnétiseur
arrive ; il ne désapprouve pas les remedes
qu'on a administré, en conseille même la
continuation, & ordonne, sans perdre de
temps, d'appliquer un large vésicatoire sur
la partie affectée, ayant soin d'animer le
looch, comme l'avoit ordonné le Médecin
ordinaire, avec un grain kermès minéral,
pour soutenir les forces & favoriser l'ex-

pectoration qui avoit diminué. Jusqu'ici il ne parloit pas de Magnétisme, recommandant bien qu'on cachât au vrai Médecin ses visites, qu'il verroit le lendemain ce qu'il y auroit à faire. Du soir au matin les vésicatoires produisirent le plus grand effet, & le looch rétablit entiérement l'expectoration. Le lendemain, le Magnétiseur revient, & voyant le bien-être du malade, il crut que c'étoit l'instant favorable d'en imposer aux assistans, leur persuadant que le Magnétisme seul suffiroit; que les remedes ordinaires qu'il falloit continuer n'en détruiroient pas le succès. Que le Lecteur juge, d'après ce fait, à qui on doit attribuer la guérison.

Des personnes respectables qui s'étoient laissées aller à l'enthousiasme du Magnétisme, témoins de ce procédé, ont été forcées de convenir de la mauvaise foi des Magnétiseurs, & ont rendu au Médecin la justice qui lui étoit due.

La perte que vient de faire la société en la personne de l'illustre M. de L. R., assez connu par le rang distingué qu'il occupoit dans la Capitale , eſt bien en état de nous convaincre de l'inutilité , pour ne pas dire du danger de *cette découverte.* Les perſonnes qui environnoient ce reſpeĉtable malade , ravies par l'enthouſiaſme du Magnétiſme , trouverent à propos de négliger les avis de M. Ba.... célebre Médecin , qui lui donnoit ſes ſoins , pour recourir à l'empirique Delon. Il eſt appellé : accompagné de ſes *ſatellites* , il entoure d'abord le lit du malade , commence à le magné-tiſer , & ſe fait relever ſucceſſivement par pluſieurs de ſes Eleves , proteſtant avec la hardieſſe inſéparable du charlataniſme , qu'il répondoit de la vie du malade. Au bout de vingt-quatre heures Delon revint. Ayant trouvé le malade plus accablé , il ſe fit apporter un réchaud avec de la braiſe, ſur lequel il jetta de la réſine & de la cire à graver ; il le mit dans le lit , ferma les rideaux , & ſe remit à magnétiſer. Les pa-rens aſſemblés ſe réjouiſſoient d'avance dans l'attente du miracle prédit ; mais ſix minutes après ils furent plongés dans la triſteſſe & l'afflićtion , par la mort du ma-

lade qui expira fuffoqué , malgré les pré-
dictions du Magnétifeur & les prétendus
effets de fon Magnétifme.

Peut-on voir exercer de pareilles manœuvres fans gémir ? Non : je préfume que
fi les perfonnes qui fe font vouées à cet empirique ont voulu obferver comme moi, elles
avoueront fans partialité n'avoir jamais ref-
fenti le moindre effet , ou du moins retiré
le moindre foulagement de ces divers attouchemens & de ces promeffes pompeufes, qui
ne font que des appas attachés au cruel
hameçon de ce *pêcheur* impitoyable.

Mes chers Concitoyens j'aime ma patrie , je la chéris , je voudrois contribuer
à la confervation des fujets d'un Monarque qui marque tous fes jours par autant
de bienfaits : ouvrez donc les yeux , re-
venez de votre illufion , & ceffez de brûler
de l'encens autour d'une créature qui ,
forcée de s'exiler de fa patrie , eft venue
fe réfugier dans la nôtre pour y femer fon
impofture & en moiffonner les victimes.
Si quelque partifan Mefmérien , payé à la
journée pour jouer ce rôle , m'objecte que

cet empirique n'employe jamais de remede qui puisse nuire aux malades, je n'ai autre chose à lui répondre si-non qu'il jette les yeux sur les désordres qu'il cause, & les ravages qu'il porte dans la société, en amusant les malades, les maintenant dans leurs incommodités, & leur faisant perdre un temps précieux qu'ils employeroient à puiser à la vraie source des secours analogues à leurs maux. Je ne rappellerai point ici les troubles que son assemblée cause dans les familles, & les malheurs qui prennent naissance dans cet attelier, rempli ordinairement d'un côté de malades imaginaires, & de l'autre de personnes qui, séduites par un vil intérêt, ne rougissent pas de proclamer en ville les prétendues guérisons opérées par le Magnétisme. Qu'on ne me taxe pas de satyrique, encore moins de jaloux : je serois le premier à louer cette découverte, si je n'en avois apperçu tout le faux & le ridicule. Oui, je suis persuadé que la plupart de nos aimables Dames qui ont honoré cette assemblée de leur présence, y ont été conduites par la

curiosité ; & elles se sont forgées des incommodités imaginaires pour essayer *du Magnétisme*. Voilà précisément celles qui en ont
retiré un succès complet. Mais toutes les
personnes qui se sont présentées à cet empirique avec des maladies réelles, s'en sont
retournées sans le moindre soulagement ;
ou, s'il existe quelque malade imaginaire
qui dise avoir été soulagé par ce fameux
agent, il s'en présente mille qui regrettent
l'or qui leur a été enlevé. Vous frémiriez,
mes chers Compatriotes, si je mettois sous
vos yeux, comme je ferois à même de le
faire, le catalogue des victimes de cet
Hypocrate travesti : mais ce n'est pas ici
le cas de publier ce martyrologe ; je n'ai
pas en vue de perdre Mesmer, mais de
dévoiler son mystere prétendu.

Que les personnes prétendues guéries
avouent les révolutions que le Magnétisme
a opérées en elles ; elles diront : que leurs
urines ont augmenté, qu'elles ont été
purgées, mais, après avoir pris de la crême
de tartre, & s'être gorgées de limonade
nitrée. Il peut bien y avoir quelques char-

mans individus, auffi frivoles qu'aimables, qui difent: *Je n'ai rien pris, & cependant le Magnétifme m'a occafionné des langueurs d'eftomach, des tiraillemens dans les nerfs, & une fueur paffagere.* Mais ces perfonnes n'obfervent point qu'elles ont le genre nerveux très-tendu, la fibre très-délicate; elles ne font pas attention qu'elles ont éprouvé de tout temps des fyncopes & des inquiétudes à la moindre nouvelle affligeante qu'on leur apprenoit, ou au moindre bruit qu'on faifoit à leur porte; elles ne réfléchiffent pas à l'influence du moral fur le phyfique. Elles font pardonnables, il eft vrai; mais ne mériteroient-elles pas de perdre l'eftime dont elles jouiffent dans la fociété, fi elles refufoient de fe rendre au raifonnement fuivant, fondé fur les circonftances du traitement?

Mefmer & fes Eleves s'emparent d'abord du moral de leurs malades, en leur prédifant, avant de les magnétifer, les révolutions qu'ils vont éprouver. « Ne craignez rien, leur crient-ils; vous allez reffentir des coliques vives, des maux de tête, des tenfions de nerfs ; n'importe, c'eſt un bien, & une vraie marque du triomphe de notre remede ſur vos maux. Quand même vous perdriez vos ſens, ne vous découragez pas ; cet anéantiſſement n'eſt que momentané. . . . » Or, je le demande, eſt-il ſurprenant qu'une perſonne ſenſible ainſi prévenue, entourée de bateleurs, placée ſur un banc auprès d'un baquet, attendant à tout moment les coliques, les ſyncopes & les vomiſſemens que ces Oracles lui prédiſent ; eſt-il ſurprenant, dis-je, que cette perſonne change de couleur, que la marche de ſon pouls devienne irréguliere ? La moindre connoiſ-ſance de l'économie animale ne ſuffit-elle pas pour rendre raiſon de ce phénomene ? Ne voit-on pas tous les jours des perſonnes à qui on annonce tout-à-coup une mau-vaiſe nouvelle, devenir pâles, triſtes, tomber en ſyncopes, & éprouver la diar-rhée & du dégoût ? Voilà à quoi ſe bornent pourtant les effets de ce Magnétiſme animal. Les gens robuſtes qui s'y ſont ſoumis, n'ont rien reſſenti, ou tout au plus une ſenſa-tion analogue à celle que cauſe un événement imprévu ; tandis que ceux qui ont le genre nerveux tendu & délicat, ont éprouvé quelquefois des maux de cœur, des envies de vomir, des mouvemens convulfifs, &c.

Comme il fe trouve des tempéramens forts chez qui le phyfique eft indépendant du moral, (fi je puis m'expliquer ainfi) qui font infenfibles à l'effet de cet agent, notre empirique a recours à un drôle de fubterfuge, qui eft que fon Magnétifme eft deftiné à rétablir l'équilibre néceffaire entre les fluides & les folides pour conftituer l'état de fanté, & que cet équilibre exiftant, fon agent ne peut produire aucun effet. Que ne puis-je foumettre aux yeux de mes Lecteurs prévenus pour Mefmer, l'époufe d'un Avocat du Faux-bourg Saint-Honoré, laquelle a été magnétifée pendant un mois fans reffentir la moindre révolution ; cet homme de mauvaife foi s'excuferoit-il en me difant que fon agent n'a point de prife fur les perfonnes faines ? Je lui objecterois que cette refpectable malade dont il a trompé la confiance, ainfi que de bien d'autres,

porte

porte des obſtructions dans tous les viſceres
du bas-ventre, jointes à un ictere invétéré.
Que répondra cet impoſteur ? Ce n'eſt pas
ſon or qui me rendra ſon partiſan, mais
la guériſon de ce précieux individu. Qu'il
s'approche avec ſon agent, qu'il vienne
convaincre mon incrédulité ; en un mot,
qu'il rende à la ſociété cette perſonne qui en
fait l'ornement, au mari cette digne épouſe,
& à des enfans malheureux une tendre mere
qui eſt toute leur conſolation.

Des remords trop tardifs engagent jour-
nellement Meſmer à renvoyer aux Médecins de la Faculté, des malades qu'il a
amuſés. Ce qui prouve aſſez combien il
connoît l'inſuffiſance de ſon agent, qui,
quant à ſes miraculeux ſuccès, n'eſt qu'un
être chimérique enfanté par l'avidité de l'or,
& réaliſé par la facilité de mes Concitoyens.
Meſmer recueille tous les jours les fruits de
ſon impoſture ; & non content d'avoir abuſé
de la bonne foi du Public, il a eu l'art de
ſe faire des partiſans dans toutes les claſſes
de la ſociété, parmi même ces individus
deſtinés par état à conſerver la ſanté des

B

Citoyens ; mais qui entraînés par le désir de faire une fortune rapide, las de végéter en vivant inconnus, ont renoncé dans ce moment d'enthousiasme à la Médecine dogmatique qu'ils avoient mal étudiée, pour suivre un empirique ; ils n'ont pas rougi de violer les sermens qu'ils ont fait en recevant leurs grades, pour embrasser l'empirisme. Mais non, ignorans personnages , votre avidité sera frustrée ; vous êtes exclus dès ce moment du corps respectable dont vous étiez membres. La cupidité vous a fait renoncer à votre état & à votre honneur ! Si vous n'avez tiré aucun succès des remedes que vous avez administrés d'après les principes qu'on vous a donnés , ne blâmez pas le code de la vraie Médecine , mais prenez-vous-en à votre négligence & à votre incapacité ; ce sont elles qui vous ont fait vivre jusqu'ici dans l'obscurité. Vous voulez en sortir sous le voile de l'empirisme ; mais on arrachera votre masque, & on arrêtera votre témérité. Les Villes des Provinces vont être prévenues contre les fléaux qui les menacent : la fortune y eſt plus médiocre qu'à la Capitale ; les habitans en ſont moins crédules, & la chûte de votre découverte vous fera rentrer dans la claſſe obſcure où votre ignorance vous tenoit cachés. Vous avez cru acheter la confiance du Public moyennant une ſomme de cent louis, perſuadés que vous ſeriez bientôt dédommagés de ce ſacrifice en allant lever des tréteaux dans les différentes Villes du Royaume, où les habitans, accablés ſous le poids de leurs maux, viendroient payer tribut à votre ignorance. Mais non, ames avides & mercenaires ; engagez plutôt votre inſ-tituteur à partager avec vous les ſommes qu'il a uſurpées : car vous vous êtes bercés d'un eſpoir trompeur ; votre myſtere va être dévoilé, & il ne vous reſtera que la honte & le mépris de la ſociété dont vous ferez le rebut.

Ce que je trouve de plus ſurprenant, c'eſt que votre Magnétiſeur ſe ſoit décidé à vous communiquer un ſecret qu'il a re-fuſé de confier au Gouvernement. Un Mi-niſtre auſſi ſage qu'éclairé, que la parque intraitable nous a enlevé, toujours attentif au bien de l'humanité, proposa à Mesmer, dans le temps que l'enthousiasme s'étoit porté jusqu'à la Cour, une pension viagere de 30,000 liv. de rente, 100,000 écus comptant, & le cordon de Saint-Michel, s'il vouloit donner son secret, pourvu toutefois que ce fût une nouvelle doctrine fondée sur de bons principes. Mais cet empirique se garda bien d'accepter cette proposition; sachant que son secret n'étoit que des embûches qu'il venoit tendre aux François, plus aisés à séduire que ses Compatriotes, trop rusés pour y être entraînés. Il répondit donc qu'il ne pouvoit absolument confier son secret à personne; se vantant que la faculté qu'il avoit de guérir tous les maux étoit une qualité innée chez lui, qu'il l'avoit reçue de la Providence, & dont il n'étoit pas le maître de disposer. Cette réponse, dépourvue de bon sens, lui attira le souverain mépris du Ministre. Mais les assemblées qu'il convoquoit chez lui, quelques expériences physiques qu'il faisoit avec l'aimant, qui sont autant de miracles pour les perfonnes peu inftruites, accréditerent l'empirifme de cet homme qui, dès le commencement, vouloit guérir tous les maux par l'application de l'aimant. Mais comme il falloit néceffairement établir une doctrine, expofer l'action immédiate de ce minéral fur le corps humain, qu'il étoit d'ailleurs trop ignorant pour donner une théorie raifonnée de ce remede, & dénué des connoiffances de l'économie animale, néceffaires pour en faire l'application aux différentes maladies, il abandonna l'aimant trop connu de tout le monde, & imagina d'avoir recours à un agent qui pût devenir fon champ de bataille & mettre à couvert fon impofture, il le baptifa *Magnétifme animal*. Cet agent, entre fes mains, eft devenu un remede propre à guérir tous les maux, même ceux qui n'exiftent pas; & c'eft là qu'il brille le plus. Sa réputation s'eft accrue de jour en jour, foit par les fêtes qu'il a données, foit par les concerts qui fe font exécutés chez lui, & j'ofe avancer que c'eft à fon forte-piano qu'il en eft redevable.

B iij

Hélas! foibles Citoyens, jufques à quand ferez-vous dupes ? Ne vous en laiffez donc plus impofer; rendez plus de juftice à vos lumieres, & ceffez d'aller puifer la mort où vous croyiez trouver la vie. L'agent de Mefmer eft connu de tous les Phyficiens, & ne peut pas produire les guérifons miraculeufes qu'il annonce.

Claffe de la fociété, deftinée par état à affurer aux peres & meres des héritiers de leurs noms, à l'Etat des Citoyens faits pour en foutenir la fplendeur & la gloire, à la fociété des membres capables d'accroitre fes avantages & fes agrémens, réfléchiffez fur les reffources de votre art, quand il eft exercé avez intelligence; partez d'après les principes que vous êtes à même de prendre dans les favantes Ecoles de la Capitale, & vous réuffirez dans vos opérations d'où dépend la confervation des meres & de leurs fruits; appliquez-vous férieufement à l'étude de votre art, au lieu de vous vouer au charlatanifme. C'eft à Meffieurs les Accoucheurs que je m'adreffe ici, parce qu'il en eft un d'entr'eux qui, par ignorance, s'eſt laiſſé éblouir par de fauſſes apparences, & a embraſſé le ſyſtême de Meſmer, prétendant terminer par le Magné-tiſme les accouchemens les plus laborieux. Voici le fait qui a induit en erreur cet Accou-cheur. Il y a environ un mois que Meſmer fut appellé auprès de Madame de...... qui étoit dans les douleurs de l'accouchement. L'enfant ſe préſentoit très-bien ; mais comme c'étoit les premieres couches de cette dame, qui devoient par conféquent être plus laborieuſes, on appella Meſmer. Notre Magnétiſeur place d'abord la malade ſur un bain de vapeurs, & après lui avoir fait boire un verre de vin de Malaga, il commença à la magnétiſer en lui paſſant la main ſur la région de la matrice, & en frictionnant doucement toutes les parties adjacentes. Le vin qu'avoit pris la malade devint un cordial énergique ; le bain de vapeurs produiſit un relâchement, & l'ac-couchement ſe termina heureuſement. On a conclu de-là que le Magnétiſme de-voit terminer tous les accouchemens ſans la moindre ſouffrance. Cependant nous de-

B iv

vons croire, d'après la Genefe, que la femme n'enfantera jamais fans douleur, *mulier pariet cum dolore*. Que le Public s'en foit laiffé impofer par cette manœuvre, il eft pardonnable ; mais qu'un Accoucheur fe départe de fes principes pour fuivre les leçons de Mefmer, & qu'il embraffe fon charlatanifme, c'eft ce qu'on ne peut voir fans indignation.

Mais revenons au fecret de Mefmer, fecret qu'il a refufé de confier au Gouvernement, & qu'il ne pouvoit tranfmettre aux vivans du temps que le Miniftre lui a propofé une penfion. Il a fans doute acquis depuis de la Providence, par tranfaction, la propriété de l'agent dont il n'avoit alors que l'ufufruit. Qu'il réponde à cet argument, plus que fuffifant pour le convaincre de charlatatifme & de mauvaife foi. *Cet agent, ce fecret, cette qualité innée* de guérir tous les maux, il ne le pouvoit communiquer à perfonne, & il vient de conftituer une fecte à laquelle on eft agrégé pour cent louis ! Mefmer n'eft pas maladroit jufqu'ici ; mais il faut avouer que ces Agrégés font des êtres bien foibles. Je ne prétends pas parler de certains Savans diftingués, qui, n'étant ni pirrhoniens ni carthéfiens, fachant douter & croire, ont voulu facrifier cette fomme pour découvrir la vérité au milieu de tant de ténebres. Ils m'ont fait part de leurs vues, & m'ont affuré n'y avoir été que pour fecouer le joug trompeur fous lequel on vivoit. Auffi je loue leur zèle, loin de blâmer leurs démarches diétées par le défir de s'inftruire. Il ne s'agit donc pas de ces perfonnes utilement curieufes ; je n'ai en vue que ces ames mercenaires qui, ayant trompé la religion des dignes Profeffeurs de Médecine dans les Univerfités, ayant ufurpé le bonnet de Doéteur, s'étant plaftronnés de quelques parchemins, ont couru à la Capitale pour en impofer : ce font, dis - je, ces vils membres d'un Corps auffi utile que refpeétable qui s'en font exclus, voyant qu'ils y étoient déplacés, fûrs de mériter à plus jufte titre une place dans la nouvelle feéte. Ces Agrégés avouent fincèrement à leurs amis, qu'ils ne croyent

pas à la vertu de l'agent de leur Institu-
teur, & conviennent fans rougir qu'ils ne
veulent fe fervir du Magnétifme que pour
capter la confiance, fe réfervant d'employer
(felon leurs lumieres) les remedes indiqués
par les différentes maladies : c'eſt-à-dire que
ce n'eſt autre chofe qu'une fociété de Charlatans qui veulent aller dans toutes les
Villes promettre la guérifon de tous les
maux par le Magnétifme, & employer en-
fuite les autres remedes. Mais ces adeptes
ne devroient-ils pas frémir en réfléchiffant
fur leur deffein ? Ils favent que le Magnétifme ne produit aucun effet qui puiffe
être falutaire ; ils ignorent les principes de
la médecine Hypocratique, & ils fe préparent malgré cela à aller affembler hon-
nêtement des victimes pour les immoler,
& donnent à ces amphithéâtres le nom
d'établiffement ! Ces Mefmériens, *altérés
de la foif de l'or*, renouvelleroient l'ouver-
ture de la boëte de Pandore, fi je n'étois
affez charitable pour dévoiler leur myftere.
Ils ont déjà affigné les lieux de leur établiffement ; quatre doivent aller dans la

Guienne , deux fe deftinent à mettre à contribution la Bretagne , & trois ont juré de ravager la Franche-Comté. Ces empiriques ont choifi Breft , Bordeaux & Befançon pour leur théâtre ; ce font les Villes les plus riches , & les plus propres par conféquent à fatisfaire leur intérêt. Ils ont formé entr'eux une compagnie ; chaque détachement aura *fon livre de raifon* , dans lequel il fera fait mention des dupes qu'ils auront fait , & des fommes qu'ils en auront retirées , lefquelles ne feront partagées qu'à la fin de la *campagne.* Quand ils auront ainfi rançonné les différens cantons de la Province , ils iront fe repofer à l'ombre de leur cyprès , difant : nous avons été heureux ! Il fut un temps favorable qui n'aura plus lieu : Mefmer partira inceffamment à petit bruit , emportant , d'après un calcul exaét , deux millions de France , *fans compter la défolation de plufieurs familles.* Que j'aurois à me glorifier , mes chers Compatriotes , d'avoir rendu un fervice fi important à la Province ! Si mon Mémoire avoit le bonheur d'y parvenir avant que les Magnétiseurs y aient commencé leurs ravages! Je ne prétends pas mériter pour cela qu'on me frappe des médailles ni qu'on m'érige des statues ; mais qu'on ne me refuse le juste titre que je prends à la tête de mon ouvrage. François, c'est pour votre conservation que je travaille ; c'est pour vous mettre en garde contre ces empiriques, que je vous dévoile le secret de Mesmer. Les partisans qu'il s'est fait m'accuseront sans doute de satyrique : je m'y attends ; ils blâmeront ma médisance, mais j'aurai là satisfaction de n'avoir pas mérité le nom de calomniateur. Je n'ignore pas les difficultés qui arrêtent lorsqu'on veut détruire le préjugé par le raisonnement : n'importe, je veux m'acquitter d'un devoir essentiel pour ma patrie ; si mon organe est trop foible, si je n'ai pas l'art de persuader ; que mes Concitoyens ne profitent pas de mon avis ; je goûterai au moins à loisir la douce satisfaction de n'avoir rien négligé pour les ramener de leur erreur, & sans être l'héraclite du siecle, je me contenterai de dire : *VOLENTI non fit injuria.*

Il y a bien des perſonnes qui , ne faiſant aucune attention aux circonſtances , ne ceſſent de crier , qu'il eſt étonnant que le Gouvernement tolere un pareil charlataniſme. Rien de plus mal vu : nos Miniſtres, dont le zèle égale les lumieres, loin de favoriſer les empiriques , prononcent tous les ans de nouveaux réglemens pour proſcrire les abus qui ſe gliſſent en pareil cas. Notre ſage Monarque veillant toujours au bonheur & à la conſervation de ſes ſujets , a établi une Société Royale de Médecine pour l'examen des remedes nouveaux, & elle eſt chargée ſpécialement de la deſtruction du charlataniſme. Cette Compagnie repréſenta au commencement le tort qu'on avoit de ſe confier à Meſmer , qui débuta ici comme Phyſicien & non comme Médecin. Les ſons mélodieux de ſon fortepiano, la liberté qui régnoit chez lui, jointe au talent qu'il a d'en impoſer, lui attirerent la confiance des malades, qui bientôt abandonnerent leurs Médecins inſtruits pour recourir à ce Charlatan. Lorſque la Société Royale de Médecine a voulu dire combien les malades avoient tort de fe confier à cet avanturier, on en a taxé les membres de jaloux, leur faifant la grace de ne pas les traiter d'ignorans.

Au lieu donc de réclamer ici l'exécution des derniers réglemens prononcés contre les Charlatans, je vais me contenter de dévoiler les manœuvres de Mefmer, qui font connues à tous les Chymiftes & au moindre Phyficien : mais on n'y avoit fait aucune attention jufqu'ici, parce qu'elles ne pouvoient être d'aucun fecours en Médecine. Si après avoir donc fait connoître en deux mots toute la *fcience de ce faifeur de miracles*, qui n'eft autre chofe qu'une électricité animale, le Public ne veut pas fe laiffer deffiller les yeux, je l'abandonnerai à fon aveuglément, difant : *mundus vult decipi, decipiatur.*

Il ne s'agit pas ici d'un difcours fcientifique ; je n'ai étudié la Phyfique que pour ne pas paroître l'ignorer, & pouvoir m'en entretenir dans les fociétés où regne la Phyficomanie. Je me contenterai donc d'expofer que Meffieurs les Phyficiens nous ont démontré de la maniere la plus évidente, que nos corps abondent en fluide électrique, & qu'indépendamment de ce fluide électrique interne, regardé comme le principe de la vie, nous étions environnés de celui qui eſt répandu dans l'atmoſphere. L'illuſtre Franklin en a aſſez démontré l'exiſtence ; il eſt même des Médecins qui ont écrit ſur l'électricité médicale, & admettent un rapport néceſſaire entre le fluide électrique interne & l'externe, qui, conſervant l'équilibre aux fluides & aux ſolides, conſtitue ce qu'on appelle l'état de ſanté.

Cela poſé, il eſt certain qu'un individu bien portant en qui le fluide électrique ſurabonde, peut communiquer cette ſurabondance aux individus qui n'en ont pas autant. Il ne faut pour cela que de bons conducteurs, & plus les conducteurs ſeront ſuſceptibles de ſe charger de ce fluide, plus ils en ſoutireront de l'individu qui en aura de ſurabondant, pour le communiquer à la perſonne avec qui il eſt en contact. On ne peut trouver de meilleur conducteur en ce cas que

le foufre, dont on s'arme extérieurement &
intérieurement : la chaleur animale dégage
du fouffre le fluide électrique , au point
que la perfonne armée & ceux qui l'envi-
ronnent fe trouvent pénétrés de la vapeur
fulphuro-électrique qui agit très-légèrement
par un contact immédiat fur les perfonnes
dont le genre nerveux eft extrêmement
fenfible. Il ne s'agit donc plus que de favoir
fi ce fluide électrique qu'on fait paffer de
cette maniere du corps d'une perfonne dans
celui d'une autre , & qui pour cette raifon
a été baptifé par Mefmer *Magnétifme animal* , peut produire des évacuations , des
fueurs , enfin des révolutions capables de
détruire les maladies chroniques & aigues.
C'eft ce qu'on ne peut croire , d'après le
peu de fecours qu'en ont retiré le nombre
de malades qui fe font livrés à cet empirique : je tairai par décence ceux qui d'après
leur mérite & leur rang , ne paroiffoient pas
en devoir être les victimes.

J'ai voulu effayer moi-même de produire
quelques révolutions chez différentes perfonnes par le Magnétifme. M'étant donc
armé ,

armé, comme Mefmer, d'une grande ceinture de peau piquée, avec du foufre & de la limaille de fer, ayant auffi avalé plufieurs tablettes de foufre pour augmenter le fluide électrique, j'ai refté vingt-quatre heures dans cet état; je nageois dans une atmofphere fulphureufe, & j'ai magnétifé plufieurs perfonnes de tout âge & de tout fexe qui n'ont éprouvé aucun changement. Il en eft parmi elles qui avoient été chez Mefmer, & qui n'en avoient pas plus éprouvé chez lui que chez moi. Il ne faut pas pourtant difconvenir qu'une demoifelle vaporeufe qui avoit été long-temps chez Mefmer, & qui avoit effuyé dans fes féances plufieurs fyncopes, vint me trouver, & me pria de la magnétifer. Elle reffentit des petits mouvemens convulfifs qui cefferent bientôt, & qui n'étoient caufés, d'après fon aveu, que par la vapeur du foufre pour lequel elle avoit toujours eu une antipathie infurmontable. Cette malade a été magnétifée pendant un mois chez Mefmer: elle porte des obftructions au mefentere, depuis deux ans qu'elle a eu les fievres intermittentes ; mais le Magnétifme animal, adminiftré par Mefmer & par moi, n'a pas du tout diminué fes incommodités.

J'ai obfervé que dans le temps pluvieux & humide, il ne s'émanoit de cette ceinture aucune odeur, & que les jours au contraire où le temps eft fec, l'atmofphere paroiffoit être infectée d'une forte odeur de foye de foufre. Auffi Mefmer dit que fon agent produit moins d'effet avec le temps humide, & que les tempéramens forts & robuftes, fur-tout ceux qui font phlegmatiques, n'en reçoivent aucun fecours.

C'eft donc mal-à-propos que notre empirique voudroit nous perfuader que fon agent n'a aucune prife fur les perfonnes bien portantes, & qu'il produit des révolutions critiques fur les malades. Ne voudroit-il pas nous perfuader qu'il guérit tous les maux par des révolutions qui prennent leur fource dans fon Magnétifme ? Syftême fondé fur l'ignorance, entretenu par la crédulité du Public ! Ce que je trouve de

plus fort, c'eſt qu'il faſſe prendre des remedes généraux à ſes malades, & qu'il
veuille qu'on attribue l'effet de ſes remedes
au Magnétiſme. Comment peut-on être
aſſez aveuglé pour s'en laiſſer impoſer à
ce point? Combien de malades que je con-
nois, à qui il n'a preſcrit aucun remede,
s'étant contenté de les placer ſur ſes ban-
quets entourés de ſes Eleves, qui ne ceſ-
ſoient de leur prédire les révolutions qui
alloient ſuivre le Magnétiſme, & ſe ſont
retirés ſans avoir éprouvé le moindre effet.
Et Meſmer n'a d'autre ſolution à donner
que la ſanté de ces perſonnes! Je le con-
vaincrai, s'il eſt néceſſaire, d'impoſture,
en lui préſentant l'épouſe de l'Avocat déjà
cité. Elle a un ſquirre au foye ſurvenu à
la ſuite d'un lait répandu; elle a eu la
patience de ſubir nombre de ſéances ſans
reſſentir le moindre ſoulagement du Magnétiſme. Ce que je puis aſſurer, c'eſt
qu'en s'armant de ſoufre & de limaille de
fer, procédé par le moyen duquel on ex-
cite le fluide de Meſmer, on ne produit
aucune des révolutions qu'il annonce; en-

core moins les fuccès pompeux dont il veut nous flatter. Chacun peut en faire l'expérience par lui-même; il n'eſt pas né-ceſſaire pour cela de recourir à l'attelier de Meſmer, qui a .bien d'autres attraits que ceux de guériſons, & qui n'eſt rempli de nombre d'appareils inutiles & d'inſtrumens harmonieux, que pour mettre le comble à ſon impoſture.

F I N.